Zwillinge
mein Schwangerschafts-Tagebuch

Bibliografische Information der Deutschen Nationalbibliothek: Die Deutsche Nationalbibliothek verzeichnet diese Publikation in der Deutschen Nationalbibliografie; detaillierte bibliografische Daten sind im Internet über www.dnb.de abrufbar.

© Edition Kirchweihtal
im Verlag von Gratkowski
Postfach 40 11 11
D-86890 Landsberg
Tel. 0049-(0)8191-966 739
info@twins.de
www.twins.de
Text: Gisela Otto
Illustrationen: Uta Knyrim
Herstellung: BoD – Books on Demand, Norderstedt
1. Auflage Februar 2016
ISBN 978-3-927058-92-7

Zwillinge - mein Schwangerschafts-Tagebuch

Herzlichen Glückwunsch! Sie haben gerade erfahren, dass Sie schwanger sind, schwanger mit Zwillingen. Und Sie freuen sich ... und das ist auch berechtigt. Denn es kommt etwas ganz besonderes auf Sie zu: Zwillinge zu haben, ist etwas besonderes.

Unübertroffen das Bild, wenn schon ganz kleine Babyzwillinge sich berühren, Händchen halten und miteinander kuscheln. Zwillinge zeigen schon sehr früh soziales Verhalten.

Aber bis dahin ist noch ein weiter Weg und den sollten Sie nicht nur Schritt für Schritt gehen, sondern auch festhalten in Wort und Bild. Deshalb haben wir dieses kleine Tagebuch für Sie entworfen.

Hier können Sie nicht nur das erste Foto Ihrer Zwillinge, das Ultraschallbild, einkleben, sondern auch das Wachsen Ihres Bauches dokumentieren. Außerdem sollen Sie hier nicht nur die nüchternen Ergebnisse Ihrer Vorsorgeuntersuchungen dokumentieren, sondern auch beschreiben, was Sie denken und fühlen. Hier können Sie Ihre Freude, aber auch Ihre Besorgnisse mitteilen. Hier können Sie aber auch berichten, wenn nicht alles nach Plan läuft, wenn Ihre Zwillinge vielleicht zu früh geboren werden und wenn nicht - entfernen Sie einfach diese Seiten ... die Ringbindung macht's möglich!

Und natürlich soll hier auch der werdende Vater nicht vergessen werden. Lassen Sie ihn teil haben und auch seine Gedanken hier dokumentieren.

Später, wenn Ihre Zwillinge gesund geboren worden sind, werden Sie gern in diesem kleinen Büchlein blättern und sich erinnern, wie es war, als Sie sich noch in freudiger Erwartung befanden.

Und noch viel später, werden Ihre Zwillinge das Büchlein zur Hand nehmen und lesen, wie es war, als Mama noch mit ihnen schwanger war ...

Alles Gute für Ihre Schwangerschaft!
Ihre Zwillingsmutter Gisela Otto

Dies ist das Tagebuch von

....

Unsere Vorgeschichte - unser Kinderwunsch

So wurden unsere Zwillinge entdeckt

Das erste Ultraschallfoto

Das sagt der werdende Papa

Die ersten Wochen

Manche Mütter spüren es sofort – andere erst, wenn sie ihren Mutterpass in der Hand halten. Nicht immer ist morgendliche Übelkeit angesagt (siehe auch Seite 18), aber Stimmungsschwankungen könnten einen ersten Hinweis darauf geben, dass „etwas nicht stimmt".

Zwillinge sind unterwegs, wer hätte das gedacht?

Vielleicht halten Sie mit der neuen Nachricht noch „hinter'm Berg" (besser: hinter'm Bauch?), weil Sie abwarten wollen, wie sich die Dinge entwickeln. Vielleicht haben Sie damit gerechnet, weil Sie der Schwangerschaft etwas nachgeholfen haben?

Wie dem auch sei. Die ersten Wochen fühlen sich anders an – nicht wirklich Fisch, nicht wirklich Fleisch. Ihnen sieht man noch nicht an, dass Sie Zwillinge erwarten. Sie und Ihr Partner müssen sich erst noch daran gewöhnen, dass „es geklappt" hat.

Ihr neues Leben als Eltern ist noch ein wenig gewöhnungsbedürftig.

Aber alles wird gut ... keine Sorge!

Die ersten Wochen – so fühlt es sich an

Regelmäßige Vorsorgeuntersuchungen geben Sicherheit

Als Sie erfahren haben, dass Sie schwanger sind, haben Sie einen Mutterpass ausgestellt bekommen. In diesen werden jetzt alle Untersuchungsergebnisse eingetragen, die bei jeder Ihrer Vorsorgeuntersuchungen, die in regelmäßigen Abständen stattfinden, erhoben werden.

Bei Frauen, die nur ein Kind erwarten, finden diese Untersuchungen normalerweise im Vier-Wochen-Rhythmus statt.

Als Zwillingsschwangere gelten Sie als „Risikofall" und werden möglicherweise öfter zum Frauenarzt bestellt. Das soll Sie nicht beunruhigen. Im Gegenteil. So wird sichergestellt, dass es Ihnen und vor allem Ihren Babys an nichts fehlt.

Bei den normalen Vorsorgeuntersuchungen werden Blut (auf Eisenmangel) und Urin (auf Eiweiß, Zucker, Sedimente) untersucht, der Arzt/die Ärztin tastet, ob der Muttermund noch fest verschlossen ist, Bauchumfang und Körpergewicht werden gemessen, natürlich auch der Blutdruck.

Bei Zwillingsschwangeren wird eigentlich bei jedem Arztbesuch ein Ultraschall gemacht und so Herztätigkeit der Zwillinge und deren Entwicklung kontrolliert.

Auch Spezialuntersuchungen wie ein 3D-Ultraschall (Stichwort „Großer Ultraschall") werden routinemäßig bei Zwillingsschwangerschaften gemacht.

Immer geht es darum, dass sich Ihre Zwillinge richtig entwickeln und gut versorgt sind, und dass die sicher belastende Schwangerschaft auch für Sie gut ausgeht.

Sollten Sie sich dennoch nicht wohl fühlen bei Ihrem Arzt/Ihrer Ärztin, wechseln sie zu einem anderen Arzt/einer anderen Ärztin.

Und so geht's uns dreien

Im zweiten Monat erste Veränderungen

Ich freue mich und mache mir Sorgen ...

Kleine Wehwehchen & was ich dagegen tun kann

Das schlimmste Schwangerschaftswehwehchen der ersten Wochen kann **Übelkeit** sein. Nicht alle Frauen sind davon betroffen, aber die, die es erwischt, haben oft doppelt damit zu kämpfen.

Das liegt an der erhöhten Hormonausschüttung in der Schwangerschaft und natürlich daran, dass es Zwillinge werden.

Manchmal helfen Medikamente gegen die Übelkeit, die zu Unrecht „Morgen-Übelkeit" heißt, weil sie sich 24 Stunden lang melden kann. Wenn Sie gar nichts bei sich behalten können, sollten Sie sich in eine Klinik einweisen lassen. Dort sorgen Infusionen dafür, dass die Übelkeit nachlässt und Sie ausreichend mit Nährstoffen versorgt werden.

Sind Sie von Hyperemesis Gravidarum betroffen (besonders starkes Schwangerschaftserbrechen), können Sie sich auch eine Hebamme suchen, die Ihnen die Infusionen ambulant oder sogar zu Hause verabreicht. Eine gute Internetadresse zu diesem Problem auf Seite 52.

Am Schwangerschaftsanfang haben manche Frauen auch mit **Stimmungsschwankungen** zu kämpfen. Auch das eine Folge der starken Hormonausschüttung.

Hier hilft am besten, wenn Sie viel Zuneigung von Ihrem Partner und dem Rest der Umwelt erhalten. Bevor sich dieser Zustand verfestigt und sich zu einer handfesten **Depression** auswächst, sollten Sie mit Ihrem Arzt/Ihrer Ärztin darüber sprechen.

Doch meist sind diese negativen Gefühlsschwankungen vorbei, sobald sich der Körper an die ungewohnte Menge an Hormonen gewöhnt hat.

Bei fortschreitender Schwangerschaft kann **Sodbrennen** zum Problem werden. Dagegen hilft, scharf gewürzte oder saure Speisen, scharf Gebratenes und Kaffee zu meiden oder auf bewährte Hausmittelchen zurück zu greifen. Ohnehin werden Sie zum Schluss nur noch wenig essen können, weil die Babys auch auf den Magen drücken.

Ebenfalls können **Darmträgheit** und **Druck auf die Blase** Probleme machen. Gegen ersteres hilft, Rohkost- und Körnerprodukte essen, gegen letzteres nur eine Toilette in der Nähe.

Im letzten Schwangerschaftsdrittel macht die **Kurzatmigkeit** vielen Schwangeren zu schaffen. Machen Sie viele Pausen und muten Sie sich nicht zu viel zu.

Auch zunehmende **Wasseransammlungen** können auftreten. Sprechen Sie das bei Ihrem Arzt an.

Dass der Rücken durch Ihre Schwangerschaft stark belastet ist, liegt auf der Hand. Er hat ja einiges an Gewicht zu tragen.

Bei **Rückenproblemen** kann der werdende Papa mit einer Massage helfen. Außerdem müssen Sie darauf achten, dass Sie immer gut sitzen, beim Bücken in die Knie gehen, beim Aufstehen aus dem Bett über die Seite abrollen und ... schalten Sie einfach einen Gang zurück.

Weitere Probleme können **Schwangerschaftsstreifen** und **Hautjucken** sein. Auch da sollten Sie sich immer an Ihren Arzt/Ihre Ärztin wenden, wenn die Beschwerden überhand nehmen.

Zum Ende der Schwangerschaft leiden viele werdende Zwillingsmütter unter **Schlaflosigkeit** - mit Bauch schläft es sich schlecht und dann natürlich gehen Ihnen viele Gedanken durch den Kopf. Aber dieses Problem haben auch Einlingsschwangere.

Wir lassen alle an unserer Freude teilhaben

Reaktionen der Umwelt - nicht ärgern, nur wundern

Nicht ärgern, nur wundern ... unter diesem Motto sollten Sie die Kommentare einordnen, die Ihnen möglicherweise entgegen geschmettert werden, wenn Fremde hören, dass Sie Zwillinge erwarten. Manch' eine andere Frau hat dann ein unbedachtes „ich würde mich erschießen" auf den Lippen.

Nicht ärgern. Kommentieren Sie so einen Blödsinn einfach mit einem Lächeln und sagen Sie: „Zwillinge suchen sich ihre Eltern aus!" Sie sind auserwählt ... kann es etwas Schöneres geben?

Natürlich sind nicht alle Mitmenschen so garstig. Allerdings sind manche etwas „übergriffig", wenn es darum geht, den schönen, runden Babybauch anzufassen. Es reizt ja auch geradezu, diese schöne, runde Kugel einmal zu tätscheln. Doch Halt! Sie sagen „Stopp", wenn Sie das nicht möchten. Werden Sie gefragt: „Darf ich mal anfassen?" Fragen Sie zurück: „Warum?" Das reicht meist schon.

Ihre Freunde und Verwandten werden sich in der Regel freuen, dass in der Familie so etwas Sensationelles geschieht: Zwillinge - das hat nicht jeder! Ganz wichtig ist, dass Ihre Familie jetzt zu Ihnen hält, vielleicht sogar hilft, wenn Hilfe benötigt wird.

Was Sie gar nicht brauchen können, sind jetzt Menschen, die nur die Probleme sehen (oder sehen wollen).

Schön, wenn Sie jetzt auch gute Freunde haben, die Freunde bleiben. Dazu mehr auf Seite 34.

Im dritten Monat

Immer noch sieht man Ihnen die Schwangerschaft vielleicht nicht auf den ersten Blick an. Vielleicht sind Sie im Gesicht etwas voller geworden?

Ihre Mitmenschen machen sich eventuell Gedanken, weil Sie sich beim Alkohol zurückhalten? Oder weniger Kaffee trinken als bisher?

Vielleicht gibt es erste Andeutungen zu Ihren kleinen Veränderungen und Freunde, Kollegen und Familienmitglieder hoffen, auf diese Weise Ihrem kleinen stillen Geheimnis auf die Spur zu kommen ...?!

Ab dem dritten Monat geben die meisten Paare Ihre Geheimniskrämerei auf und lassen die Umwelt an ihrer Freude teilhaben.

Wenn Sie zu denjenigen gehören, die gleich und spontan alle anderen eingeweiht haben, auch gut. Ihr Mitteilungsbedürfnis sagt nichts darüber aus, ob der Verlauf Ihrer weiteren Schwangerschaft unter einem guten Stern steht oder eher nicht.

Gegen Ende des dritten Monats lassen dann glücklicherweise auch die typischen Beschwerden der Frühschwangerschaft nach. Ihr Körper hat sich langsam an die veränderten Hormone gewöhnt, die Stimmung wird zunehmend besser und die medizinische Probleme ernsthafter Art treten noch nicht auf.

Jetzt beginnt die Zeit, in der Sie Ihre Schwangerschaft in vollen Zügen genießen können.

Und so geht's uns dreien

Eineiige und zweieiige Zwillinge

Die meisten Zwillinge sind zweieiig, entstehen also aus zwei getrennt befruchteten Eiern.

Zweieiige Zwillinge können Mädchen/Mädchen-, Junge/Junge- oder Mädchen/Junge-Kombinationen sein. Sie sind im Prinzip Geschwister, die nur zufällig gleichzeitig heranwachsen und den gleichen Geburtstag teilen. Zweieiige Zwillinge machen circa 2/3 aller Zwillinge aus.

Eineiige Zwillinge entstehen, wenn sich eine befruchtete Eizelle teilt. Hierbei kommt es auf den Teilungszeitpunkt an. Die meisten eineiigen Zwillinge entstehen vom 3. bis zum 5. Tag nach der Befruchtung.

Vereinfacht kann man sagen: Je später sich das befruchtete Ei teilt, umso mehr haben die Zwillinge gemeinsam (äußere Eihaut, innere Eihaut, Plazenta ...) - schlimmstenfalls wachsen sie als siamesische Zwillinge heran, da die Spezialisierung einzelner Zellen bereits so fortgeschritten war, dass es unwahrscheinlich ist, dass eine komplette Verdopplung der Anlagen stattfindet.

Kritisch sind auch Schwangerschaften eineiiger Zwillinge, die in einer gemeinsamen Fruchthöhle aufwachsen und möglicherweise über den Blutkreislauf zusammenhängen (Fetofetales Transfusionssyndrom).

Dabei fließt einem Zwilling zuviel Blut zu, dem anderen wird es entzogen. Abhilfe schafft eine Trennung durch eine Lasertherapie.

So sind die Zwillinge im Bauch untergebracht

Zweieiige Zwillinge wachsen in getrennten Fruchthöhlen heran. Jedes Kind hat eine eigene Plazenta, die auch zu einer „gemeinsamen" zusammenwachsen kann. Sie haben getrennte Blutkreisläufe und bestenfalls entwickeln sie sich beide gleich gut. Das hängt aber auch davon ab, ob die Plazenten an einer gleich gut durchbluteten Stelle sitzen.

Viele Zwillinge liegen im letzten Schwangerschaftsdrittel „richtig", also Kopf nach unten. Manchmal liegt der Führende (so es einen gibt, der führt) Kopf voran, der zweite jedoch in Beckenendlage (BEL). Dann kommt es darauf an, wie erfahren das Geburtspersonal ist, ob es sich und Ihnen eine „natürliche" Geburt zutraut.

Manchmal liegt ein Zwilling quer, manchmal beide, manchmal liegen beide falsch – also in BEL. Und oft drehen sie sich noch einmal kurz vor Schluss. Und natürlich wird es deutlich früher eng als in einer Einlingsschwangerschaft.

Auch eineiige Zwillinge können ganz unterschiedliche Positionen einnehmen.

Am problematischsten sind Schwangerschaften, bei denen die Zwillinge in einer gemeinsamen Fruchthöhle heranwachsen. Dann muss sehr engmaschig überwacht werden und im Falle eines FFTS (Fetofetales Transfusionssyndrom) wird in der Regel eine Lasertherapie (Trennung der Blutkreisläufe mit dem Laser) durchgeführt.

Als Pionier dieses operativen Eingriffs gilt Prof. Hecher in Hamburg.

Im vierten Monat – das este Drittel ist geschafft

Ein neues Ultraschallfoto

Ihre Rechte am Arbeitsplatz

Welche Rechte haben Schwangere am Arbeitsplatz? Und gibt es auch Pflichten?

Ja, zum Beispiel haben Sie die Pflicht, Ihren Arbeitgeber über Ihre „anderen Umstände" zu informieren. Dies bis Ende des dritten Monats, denn ab da ist davon auszugehen, dass die Schwangerschaft bestehen bleibt.

Ihr Arbeitgeber wird und darf Ihnen nun keine Arbeiten mehr zumuten, die der Schwangerschaft nicht zuträglich sind. Was das im einzelnen ist, kommt auf den Beruf an (schweres Heben, langes Stehen) und sollte im Allgemeinen ohne großes Bitten und im gegenseitigen Einverständnis möglich sein.

Sollte sich Ihr Arbeitgeber wenig entgegenkommend zeigen, bleibt Ihnen nur ein Attest vom Arzt, der Ihnen bestimmte Tätigkeiten oder das Arbeiten an sich untersagt. Ein Arbeitsverbot ist für Sie finanziell gesehen auf jeden Fall besser als eine bloße Krankschreibung, bei der nach sechs Wochen die Krankenkassen einspringen, aber nicht den vollen Verdienst übernehmen.

Ihre Mutterschutzfrist beginnt - leider wie bei Einlingsschwangerschaften - 8 Wochen vor dem errechneten Geburtstermin, das könnte gern ein wenig früher sein.

Bei Mehrlingen, also auch Zwillingen, haben Sie allerdings nach der Geburt 4 Wochen mehr Zeit - nämlich ganze 12 Wochen.

Die Zwölfwochen-Schutzfrist gilt auch im Falle einer Frühgeburt.

Und so geht's uns dreien

Noch einmal Urlaub machen – besser nicht zu spät!

Wenn Ihre Schwangerschaft nach Plan läuft und Ihr Arzt/ Ihre Ärztin nichts dagegen hat, sollten noch einmal vor der Geburt ein paar Tage Urlaub machen.

Es empfiehlt sich jetzt eher ein Urlaubsziel, das nicht mit dem Flugzeug erreicht werden muss und das nicht unbedingt in einem exotischen Land liegen sollte.

Wichtig ist, dass der medizinische und der hygienische Standard etwa dem unsrigen entsprechen.

Warum nicht im eigenen Land bleiben – egal, ob Sie aus Deutschland, Österreich oder der Schweiz stammen? Hier gibt es so schöne und erholsame Urlaubsziele – da lässt sich gut ausspannen und noch einmal richtig Kraft tanken für die kommende Zeit.

Urlaub? Das wird nach der Geburt Ihrer Zwillinge erst einmal nicht so schnell möglich sein, denn mit kleinen Babys ist der Urlaub unter Umständen „Alltag mit doppeltem Stress".

Wann ist die beste Zeit für diesen Schwangerschaftsurlaub? Im zweiten Schwangerschaftsdrittel sind die ersten lästigen Beschwerden weg und die Stimmung ist gut. Die Gefahr einer Frühgeburt sollte bei normalem Schwangerschaftsverlauf auch nicht gegeben sein.

Wichtig: Das OK vom Arzt einholen!

Frühling und Herbst sind von der Jahreszeit her sicher idealer als Hochsommer oder ein frostiger oder stürmischer Winter.

Wir lassen es uns gut gehen!

Urlaubsfotos

Urlaubsfotos

Praktisches Zwillingstraining – suchen Sie sich neue Freunde

Vielleicht haben Sie es schon bemerkt, dass sich Ihre bisherigen Freunde nicht immer so für Ihre Schwangerschaftsgeschichten interessieren, wenn nur noch dieses Thema „aufs Tapet" kommt, vor allem, wenn sie selbst noch kinderlos sind. Es kann also nicht schaden, neue Freunde zu finden.

Sie werden sie brauchen, denn nur allein mit den Zwillingen zu Hause zu hocken, ist auch keine Alternative.

Perfekte neue Freunde sind andere Zwillingseltern. Ganz prima, wenn sie auch erst in der Schwangerschaftsphase sind, denn dann können Sie so viele Erfahrungen teilen, nicht nur die Sorgen, sondern auch die Freuden, die man mit Zwillingen zweifelsohne auch hat.

Wo finden Sie andere Paare, die Zwillinge erwarten oder haben? Na klar, in einem Zwillingsclub, bei einem Zwillingsstammtisch oder auf einem der zahlreichen Basare für Zwillingsartikel.

Manchmal trifft man auch ganz zufällig beim Geburtsvorbereitungskurs auf andere werdende Zwillingseltern. Es lohnt sich – wenn man sich sympathisch ist, den Kontakt zu suchen und zu halten.

Und hier ein wirklich guter Tipp: Wenn Sie über ein Zwillingstreffen erprobte Eltern kennen lernen, können Sie bei denen sicher mal in den Alltag reinschnuppern und vielleicht so die Angst verlieren, der Aufgabe nicht gewachsen zu sein.

Außerdem können Sie manchen Ausrüstungsgegenstand günstig abnehmen.

Und so geht's uns dreien

Was sagt der Arzt? Was sagt die Ärztin?

Auch der Zwillingspapa macht sich ein paar Gedanken

Im sechsten Monat – bald kann ich mich kugeln

Bauchfoto

Geburtsvorbereitung rechtzeitig planen

Natürlich empfiehlt sich auch für Zwillingsschwangere der Besuch eines Geburtsvorbereitungskurses. Und das vielleicht etwas früher als für Einlingsschwangere.

Im Geburtsvorbereitungskurs erfahren Sie nicht nur etwas über die Geburt, sondern bekommen auch manchen Tipp, der Ihnen noch in der Schwangerschaft nützt.

Soll der werdende Zwillingsvater mitgehen? Na klar! Auf jeden Fall. Es gibt heute kaum noch Männer, die nicht mitmachen. Hier erfahren auch sie, wie eine Geburt abläuft und sie erhalten Anleitung dafür, wie sie ihrer Frau - der Mutter ihrer Kinder - in dieser schweren Stunde zur Seite stehen können.

Denn auch das ist heute ganz normal: Die meisten Väter sind bei der Geburt ihrer Zwillinge dabei. Und sogar beim Kaiserschnitt sind sie in aller Regel zugelassen, es sei denn, es ist ein Notkaiserschnitt angesagt, wo es manchmal wirklich hopplahopp gehen muss und keine Zeit dafür bleibt, einen väterlichen Zuschauer dabei zu haben.

Bei so einem Vorbereitungskurs treffen die werdenden Väter auf andere Väter, so dass es auch überhaupt nicht peinlich wird. Im Gegenteil - meist ist die Atmosphäre locker und entspannt, es wird auch viel gelacht und nicht nur gehechelt und geatmet.

Außerdem lernen die Paare Entspannungsübungen, die ja nicht das verkehrteste sind, wenn's an die Geburt von Zwillingsbabys geht.

Schön auch, dass Sie im kleinen Kreis alle Fragen stellen können.

Es gibt aber auch spezielle Kurse nur für Männer. Informationen dazu auch in unserem Buch für (werdende) Zwillingsväter. Siehe Seite 80.

Wie geht's uns dreien?

Wir sind im siebten Monat!

und noch ein Bauchfoto

So geht's uns dreien ...

Geburtsklinik wählen

Für die Geburt Ihrer Zwillinge sollten Sie sich rechtzeitig um eine Geburtsklinik kümmern, in der Sie sich wohlfühlen. Natürlich ist auch der medizinisch-technisch Standard ein wichtiges Kriterium, aber der persönliche Wohlfühlfaktor ist ganz sicher ebenfalls von ausschlaggebender Bedeutung.

Können Sie dem medizinischen Personal vertrauen? Haben Sie die Hebammen bereits kennen gelernt? Was sagen andere Mütter über diese Klinik?

Andere wichtige Eckdaten sind: Ist die Klinik gut zu erreichen? Gibt es eine Station für Frühgeborene? Wieviel Erfahrung haben Ärzte und Hebammen in dieser Klinik mit Mehrlingsgeburten?

Wird grundsätzlich ein Kaiserschnitt gemacht? Wird routinemäßig eine PDA (Periduralanästhesie) gelegt? Wie werden Maßnahmen wie Dammschnitte gehandhabt? Welche Mitspracherechte haben werdende Eltern? Gibt es Stillberatung?

Aber auch: Wie ist die Ausstattung in medizinischer Hinsicht? Und wie die der Zimmer? Sind die Räume modern und ansprechend? Kann man sich hier als Familie wohlfühlen? Gibt es Familienzimmer? Und wie sieht es bei einem längeren Klinikaufenthalt aus?

Am besten besuchen Sie die angebotenen Informationsabende. Da können Sie nicht nur die Klinik, sondern auch Ärzte und Hebammen kennen lernen, einen Blick in den Kreißsaal werfen und vielleicht in die Frühchenstation.

Wenn Sie das alles schon einmal kennen gelernt haben, werden Sie sich weniger fremd fühlen.

Papa ist der Beste

Letzte Vorbereitungen auf die Zwillinge

Besser zu früh als zu spät ... dies gilt auf jeden Fall für die Zwillingsvorbereitungen.

Und: Muten Sie sich nicht zu viel zu. Shoppingtouren und Umzüge, Kinderzimmer einrichten und alle Arbeiten, die mit viel körperlicher Aktivität verbunden sind, sind zu vermeiden oder wirklich nur durchzuführen, so lange Sie sich nicht nur topfit fühlen, sondern auch Ihr Arzt/Ihre Ärztin nichts dagegen hat.

Alle wichtigen Ausrüstungsgegenstände sollten vorhanden sein. Dazu zählen: Bettchen (mit Ausstattung), ein guter Zwillingskinderwagen (vorzugsweise ein leichtes, luftbereiftes Fahrzeug mit dazu gehörigen Tragetaschen), gute Babyautositze (im Fahrzeug ausprobieren!), eine Babybadewanne, ein rückenschonender Wickeltisch mit Stauraum für Pflegeprodukte und Windeln, einige (wenige) Fläschchen und Sauger, Windeln für die Kleinsten und einige Pflegeprodukte.

Fläschchen, Schnuller, Zusatznahrung usw. - das können Sie eigentlich erst dann in größeren Mengen anschaffen, wenn Sie wissen, welche Marken Ihre Zwillinge bevorzugen und vertragen.

Andere Dinge - wie Milchpumpe oder Babywaage, schaffen Sie erst an (leihen), wenn sie nötig sind.

Tipp: Sie können sich sehr gut informieren, wenn Sie sich den „Ausstattungsratgeber für Zwillinge & Drillinge" besorgen. Er wird zweimal jährlich aktualisiert. Siehe Seite 80.

Wir kümmern uns um Kinderwagen und Kinderzimmer

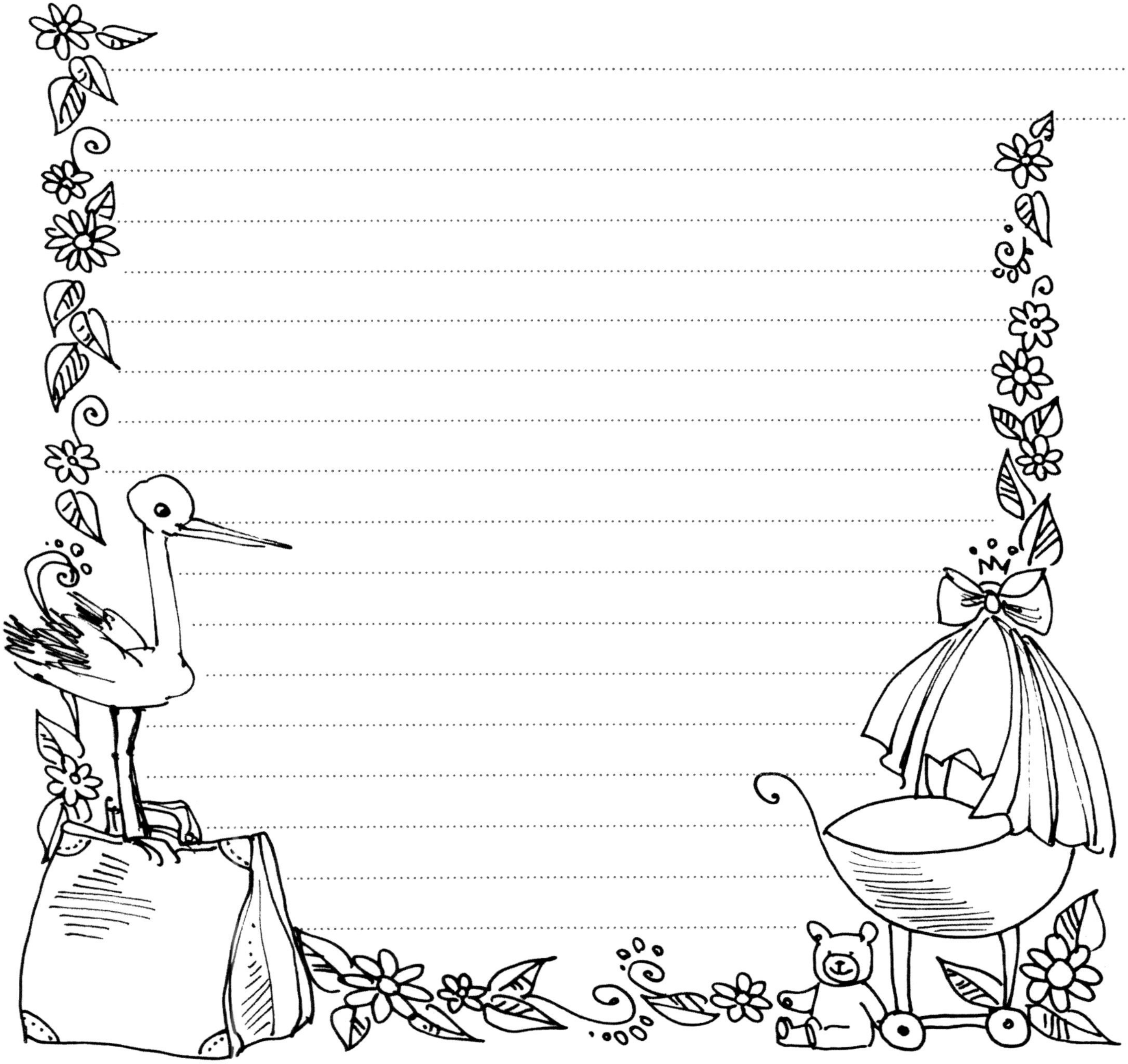

Endspurt: wir sind im achten Monat

und noch ein Foto

Diese Adressen sollten Sie sich merken

- www.twins.de (Literatur, Zeitschrift Zwillinge & Bücher, Stillkissen)
- www.zwillingsburg.de (Zwillingsausstattung - Kinderwagen etc.)
- www.twinsworld.de (Zwillingsausstattung)
- www.liebzwei.de (bietet Kleidungssets & Spielzeug für Zwillinge an)
- www.twinmedia.ch (Zwillingsliteratur)
- www.wellcome-online.de (ehrenamtliche Hilfe nach der Geburt)
- www.maternita.de (Rat und Hilfe rund um Schwangerschaft & Geburt)
- www.mutter-kind.de (hilft bei der Beantragung von Mutter-Kind-Kuren)
- www.caritas.de (informiert über finanzielle Hilfen vor und nach der Geburt)
- www.schreibabys.de (gibt Tipps, was Sie tun können gegen das Schreien)
- www.hyperemesis.de (Thema Schwangerschafts-Erbrechen)
- www.bauernhofurlaub.de (bietet lohnende Urlaubsziele an)
- www.afs-Stillen.de (vermittelt Kontakte zu Stillberaterinnen)
- www.lalecheliga.de (vermittelt Kontakt zu Stillberaterinnen und -gruppen)
- Örtliche Zwillingstreffen finden Sie zum Beispiel unter www.twins.de

Eigene Notizen:

Was sagt der Arzt?

Hebamme & Stillberaterin

Hebammen helfen nicht nur bei der eigentlichen Geburt, sie sind schon in der Schwangerschaft und auch nach der Geburt wertvolle Helferinnen.

Haben Sie vor, bei „Ihrer" Hebamme zu entbinden, suchen Sie beizeiten den Kontakt zu einer „weisen Frau", mit der Sie „können", zu der Sie Vertrauen haben und bei der Sie sich gut aufgehoben fühlen. Klären Sie im Vorfeld, ob Ihre Hebamme in der Klinik Ihrer Wahl willkommen ist oder ob dort nur Hebammen tätig sind, die die Klinik beschäftigt.

In den ersten zehn Tagen nach der Geburt darf Ihre Hebamme Sie bis zu zweimal täglich besuchen. Auch danach stehen Ihren bis zu 16 Hausbesuche zu. Das wird Ihnen als frischgebackene Mutter sehr helfen, denn beim ersten Kind – in Ihrem Fall bei den ersten Kindern – sind Sie vielleicht noch etwas unsicher. Ins Mutter-Sein wächst man langsam hinein.

- So können Sie Ihrer Hebamme noch viele Fragen stellen und die Anfangsunsicherheit ablegen.
- Auch Fragen zum Thema Stillen kann Ihnen Ihre Hebamme beantworten. Außerdem können Sie sich im Vorfeld auch schon Kontakte zu einer Stillgruppe, auf jeden Fall aber zu einer Stillberaterin schaffen.
- So haben Sie im „Notfall" (zum Beispiel „Milchstau") gleich jemanden zur Hand, den Sie anrufen und um Rat bitten können.
- Hier finden Sie Hilfe:

    www.lalecheliga.de oder
    www.afs-stillen.de

Neunter Monat: So geht's uns dreien

Die Geburt kann jeden Moment losgehen

und noch ein Foto

So geht die Geburt los

Auch eine Zwillingsgeburt kündigt sich mit bestimmten Zeichen an ... da ist nicht viel Unterschied zu einer Einlingsgeburt. Solche Zeichen können sein:

- Ein Blasensprung (beim führenden Zwilling)

Bei einigen Zwillingsmüttern kommt es zu einem Blasensprung. Dabei platzt die Fruchtblase und das Fruchtwasser läuft in größeren Mengen oder langsam, auf jeden Fall aber stetig, aus.

- Wehen

Bei manchen Frauen treten jedoch zuerst Wehen auf, die ganz unterschiedlich empfunden werden können. Manchmal sind sie nur ein leichtes Ziehen im Rücken, manchmal fühlen sie sich an wie Regelschmerz. Oder Wehen werden als Ziehen im Bauch empfunden.

Die ersten Wehen können eine Weile anhalten, bis sie stärker werden und Eile geboten ist. Bei Zwillingen werden Sie dennoch lieber gleich in die Klinik aufbrechen wollen.

- „Nestbautrieb"

Ein weiteres, untrügliches Zeichen ist bei einigen Frauen eine Art „Nestbautrieb". Sie waschen dabei nicht nur die Babysachen noch einmal, sondern entwickeln einen regelrechten Putzdrang.

- Der Schleimpfropf löst sich

Während der Schwangerschaft ist der Muttermund von einem Schleimpfropf verschlossen. Dieser kann sich einige Tage (oder Stunden) vor der Geburt lösen. Meist merkt das die Schwangere beim Gang auf die Toilette. Teilweise ist auch blutiger Ausfluss dabei.

- Durchfall und Erbrechen

Kurz bevor die Geburt beginnt, leiden viele Schwangere auch unter Durchfall. Das hat die Natur so eingerichtet, damit der Darm entleert wird, so dass die Frau wenige Stunden später in der Endphase der Geburt ohne Hemmungen pressen kann. Auch Erbrechen kann den Beginn einer Geburt ankündigen.

- Eröffnungswehen

Die meisten Entbindungen beginnen jedoch mit den so genannten Eröffnungswehen, die zu Beginn oft völlig unregelmäßig auftreten und auch erst noch wenig schmerzhaft sind.

Wenn diese Wehen dann mit der Zeit regelmäßiger und deutlich schmerzhafter werden, sollten sie sich auf den Weg in die Klinik machen. Zwillinge haben es nicht immer, aber manchmal eben doch etwas eiliger, vor allem natürlich auch, wenn es nicht Ihre ersten Kinder sind.

Unser gemeinsames Erlebnis: die Geburt

Erste Fotos ...

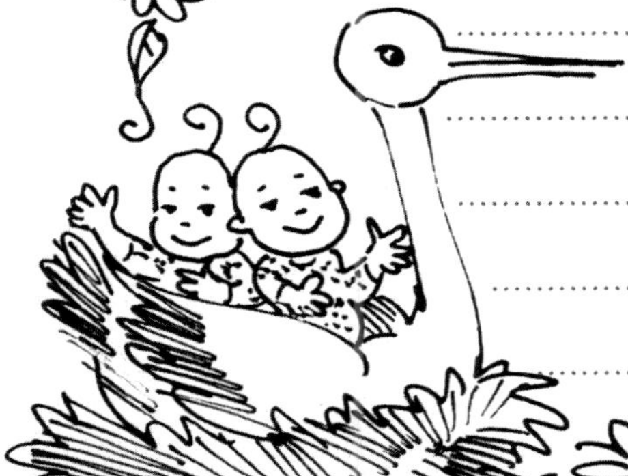

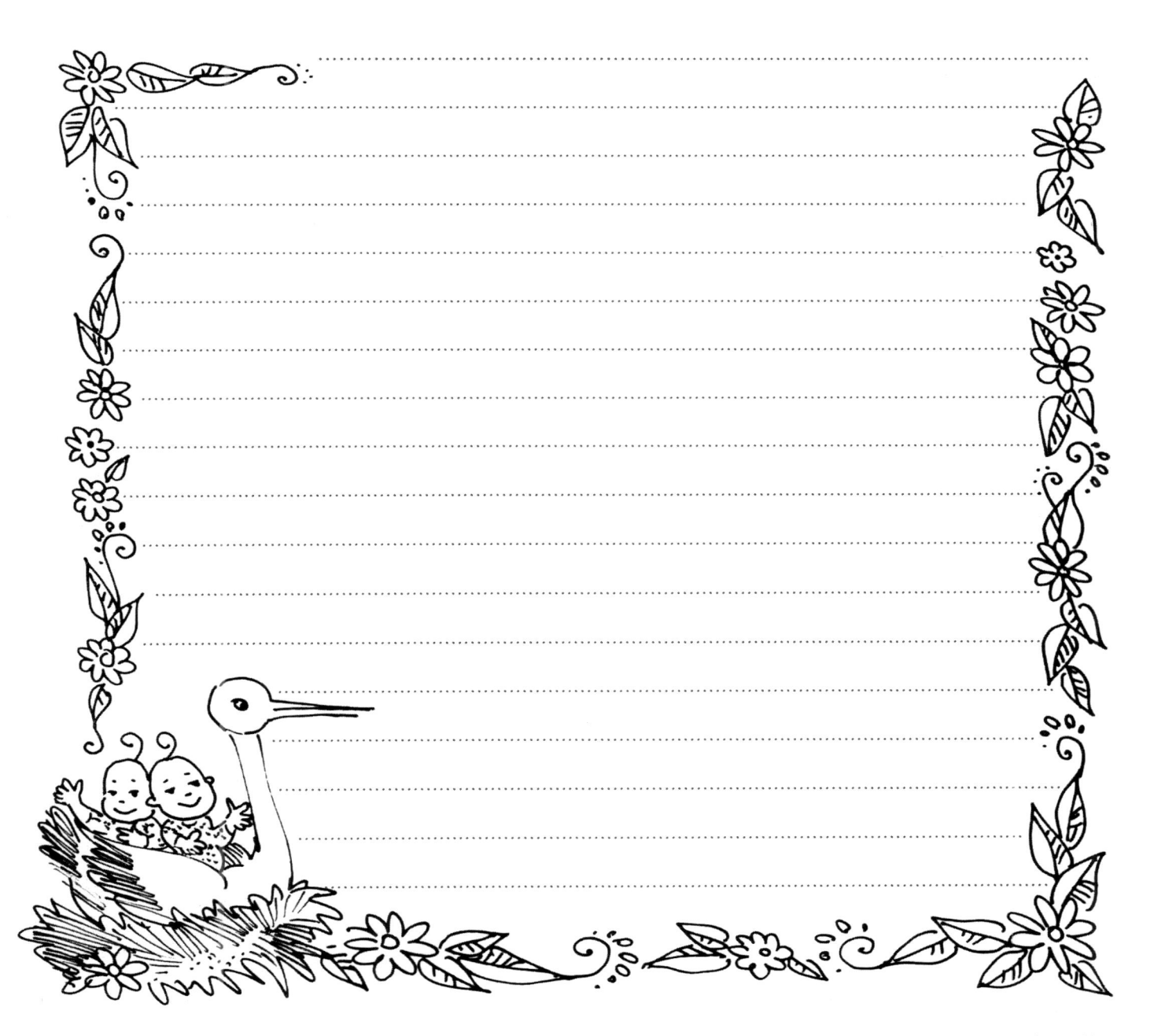

Unsere Zwillinge

Name ....

Geburtsgewicht .... Länge ....

Geburtszeit .... Geburtsdatum ....

Unsere Zwillinge

Name ....

Geburtsgewicht .... Länge ....

Geburtszeit .... Geburtsdatum ....

Seite 65

Die allererste Zeit nach der Geburt

Ein paar Probleme kann's schon geben

Herzlichen Glückwunsch! Ihre Zwillinge sind hoffentlich gesund und ohne Komplikationen geboren worden? Dann sind Sie selbst auch schon versorgt und haben Sie sie sicher bei sich.

Vielleicht eines der frischgebackene Papa, das andere Zwillingskind auf Ihrer Brust?

Wenn Ihre Zwillinge zu früh geboren wurden oder Anpassungsschwierigkeiten haben, müssen sie sicher noch eine Zeitlang auf der Neonatologie-Station betreut werden. Wie lange, das ist unterschiedlich.

Sind es nur Anpassungsschwierigkeiten (Baby/s) können die Temperatur nicht halten, Baby/s) haben Probleme, selbständig zu atmen), sind es vielleicht nur ein paar Stunden, die Sie auf Ihre Kinder verzichten müssen, weil sie ins Wärmebettchen oder überwacht werden müssen.

Haben Sie Frühchen geboren (Babys, die mehr als zwei Wochen zu früh dran sind) oder Babys, die weniger als 2.500 Gramm wiegen, wird der Aufenthalt auf der Neugeborenen-Intensivstation etwas länger dauern.

Im Idealfall bekommen Sie Ihre Babys ein, zwei Wochen vor dem eigentlichen Geburtstermin nach Hause. Babys, die weniger als 2.500 Gramm bei der Geburt wogen, müssen meist nur aufgepäppelt werden, sie dürfen vielleicht schon nach wenigen Tagen auf die normale Station (oder nach Hause).

Bei Frühchen ist es vor allem wichtig, dass sie ohne Unterstützung atmen können und zunehmen, das heißt, das Füttern muss funktionieren. Anfangs werden sie oft über eine Magensonde ernährt, weil sie das Saugen noch nicht beherrschen und das Trinken aus der Flasche oder aus der Brust zu anstrengend wäre.

Seien Sie nicht traurig. Ihre Zwillinge sind in guten Händen und werden gut versorgt. Wenn Sie sie erst einmal zu Hause haben, ist der schwierige Anfang meist schnell vergessen.

Eine gute Anlaufstelle für Eltern von Frühgeborenen: www.fruehgeborene.de

Unsere Zwillinge sind Frühchen

Wenn Ihre Zwillinge nicht zu früh geboren wurden, können Sie diese Seiten anderweitig verwenden oder heraustrennen.

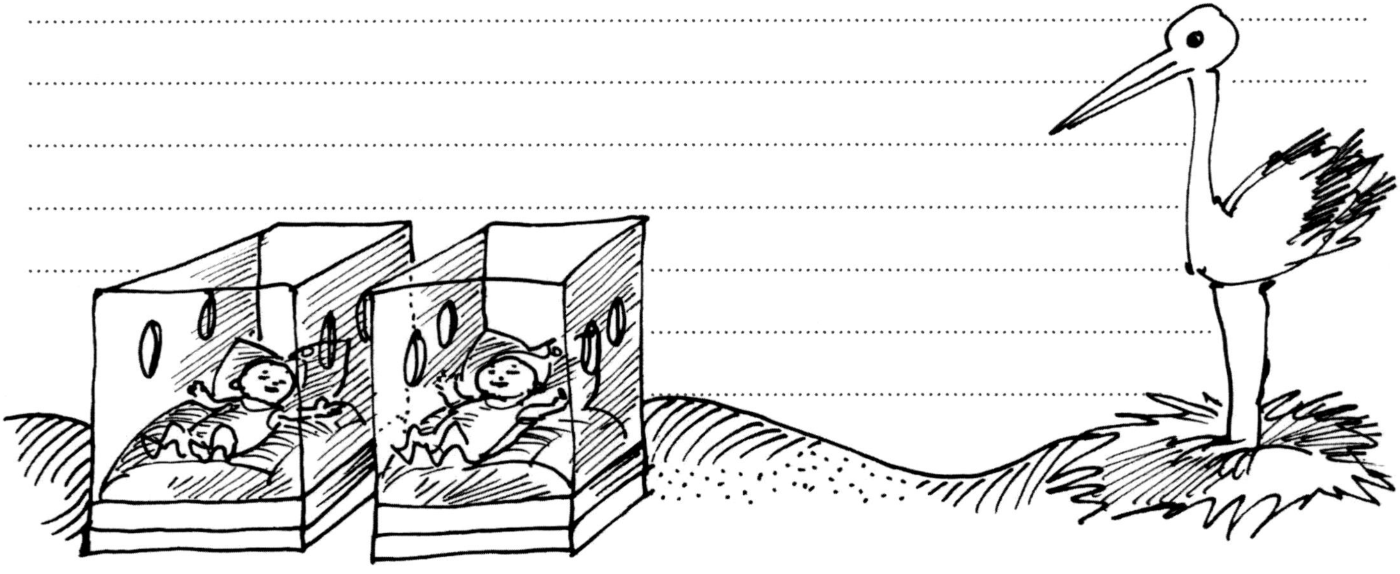

Der Klinikaufenthalt

Wenn Ihre Zwillinge gesund und in etwa zum Termin geboren sind, können Sie sie sicher bei sich im Zimmer haben. Schön, wenn Ihre Klinik auch Familienzimmer vorsieht, denn dann kann auch der Papa in den ersten Tagen bei Ihnen und seinen neuen Kindern sein. Wichtig ist, dass Sie das schon lange vorher klären, denn Familienzimmer sind sicher begehrt und lange im Voraus (wenn es geht) reserviert.

Vielleicht sind Sie noch recht schlapp nach der anstrengenden Geburt oder wegen der Kaiserschnittwunde gehandicapt? Normalerweise können Sie Ihre Zwillinge selbst versorgen, wenn Sie Rooming-In machen, die Babys also im Zimmer haben. Kommen Sie allein noch nicht so gut zurecht, wird man Ihnen sicher gerne helfen. Scheuen Sie sich nicht, um Hilfe zu bitten.

Und fragen Sie, wenn Sie unsicher sind. Jetzt haben Sie noch die Möglichkeit, all Ihre Fragen loszuwerden und Sicherheit im Umgang mit Ihren kleinen - ach so zerbrechlichen - Zwillingen zu bekommen.

Lassen Sie sich helfen bei den ersten Stillversuchen. In vielen Kliniken wird großer Wert darauf gelegt, dass junge Mütter beim Stillen Unterstützung bekommen (diese werden von der WHO als „Babyfreundliche Krankenhäuser" ausgezeichnet).

Wenn Sie Ihre Babys lieber über Nacht im Babyzimmer abgeben möchten ... auch gut. Bitten Sie die Schwestern, dass sie Sie wecken, wenn die Babys Hunger haben.

Dann wird man Ihnen die hungrigen Kleinen bringen, damit Sie sie stillen können.

Zu Hause müssen Sie sich dann selbst kümmern. Genießen Sie jetzt die kurze Erholungspause ...

Der Klinikaufenthalt

Der Beginn unseres neuen Lebens

Unsere Zwillinge kommen heim

Dann ist der große Moment da. Ihre Zwillingen kommen heim.

Ist zu Hause alles vorbereitet? Ist das Kinderzimmer eingerichtet?

Sind Windeln vorrätig? Pflegeprodukte? Fläschchen?

Haben Sie sich für einen Zwillingskinderwagen entschieden? Ist er schon einsatzbereit (auch, wenn Sie ihn vielleicht erst in ein paar Tagen brauchen werden)?

Es kann auch nicht schaden, den Kühlschrank voll zu haben. Sie werden sich wundern, wie wenig Zeit Ihnen anfangs für ganz normale Dinge wie einkaufen und kochen zum Beispiel bleibt.

Haben sich schon die ersten Besucher angesagt? Ganz ehrlich - jetzt sollten allenfalls die Großeltern gern gesehene Gäste sein. Sie sollten sich erst einmal als Familie finden, zusammenfinden.

Der Alltag muss sich erst einspielen und das wird er auch. Dabei wünschen wir Ihnen ganz viel Freude, aber Ruhe und Gelassenheit.

Ihre Gisela Otto und Redaktion

Unsere Zwillinge kommen heim

Erste Fotos zu Hause

Das sagt die frischgebackene Zwillingsmama

Das sagt der frischgebackene Zwillingspapa

Weiterlesen mit der Zeitschrift ZWILLINGE & Büchern

Haben Sie brav Tagebuch geführt? Jetzt ist vielleicht weniger Zeit dafür, dafür aber zwischendurch immer mal Zeit zum Lesen.

Informationen über unsere Zeitschrift ZWILLINGE und die viele Literatur in Form von Büchern, finden Sie unter www.twins.de. Hier nur eine kleine Auswahl unserer Titel.

„Das neue ZWILLINGE Magazin" ist eine Spezialversion unserer Zeitschrift ZWILLINGE (auch als E-Book), das Väterbuch ist aus unserer Reihe „Das Zwillinge ABC" und ganz wichtig: der zweimal jährlich aktualisierte „Ausstattungsratgeber für Zwillinge & Drillinge" - der kann Ihnen helfen, den richtigen Kinderwagen und andere Ausrüstungsgegenstände zu kaufen.

www.twins.de